DU DROIT

DE

VISITE MARITIME

ATTEINTE A LA LIBERTÉ DES MERS.

DU DROIT

DE

VISITE MARITIME

ACCORDÉ A L'ANGLETERRE

PAR LES PUISSANCES DU CONTINENT.

Paris,

AMYOT,	DELLOYE,
RUE DE LA PAIX, 6.	PLACE DE LA BOURSE.

1842

DU DROIT

DE VISITE MARITIME

ACCORDÉ A L'ANGLETERRE
PAR LES PUISSANCES DU CONTINENT

§ I.

Le droit de visite réciproque, imprudemment accordé aux instances persévérantes de l'Angleterre par un traité conclu le 30 novembre 1831, et depuis étendu à la plupart des puissances maritimes de l'Europe, est un fait d'une haute gravité et d'une portée encore mal connue. Nous avons hâte de le dire, il tend 1° *à confirmer les prétentions injurieuses de la Grande-Bretagne à la police et à la législation générale des mers; 2° à fonder sur l'Océan une sorte de féodalité maritime dont l'Europe entière, à commencer par la France, est sur le point d'être vassale; 3°* enfin il a pour but *d'aider le* gouvernement anglais à concentrer dans ses mains *le monopole des denrées coloniales*, c'est-à-dire à en faire le seul peuple navigateur du monde entier.

La philanthropie négrophile est un leurre grossier jeté à la bonhomie européenne pour déguiser la grande manœuvre que nous signalons et que nous espérons démontrer en quelques mots.

Depuis dix ans une transformation profonde, radicale, s'opère dans la constitution économique de l'Indostan. Cette immense région, presque aussi peuplée que notre continent, faisait naguère contre-poids à l'industrie de l'Europe par ses produits manufacturés, ses châles, ses mousselines, ses nankins, ses tissus de tout genre, qui venaient jusque sur les marchés de l'Occident soutenir la comparaison et fournissaient abondamment à la consommation de tous les peuples de l'Asie centrale et méridionale.

Aujourd'hui une révolution extraordinaire s'y est opérée ; les fabriques de l'Indostan, qui employaient l'activité de plusieurs millions d'hommes, sont tombées. Tout le pays a été inondé par la fabrication supérieure de l'Angleterre. Manchester et Glasgow, aidécs par l'action puissante de la vapeur, ont vaincu

Madras et Calcutta. Les cotonnades britanniques n'ont plus de rivales, elles servent au vêtement de cent millions d'Indous.

Cette introduction illimitée des produits fabriqués de la Grande-Bretagne, en enlevant le travail aux populations indo-britanniques, les menace d'une misère et d'une ruine prochaines. Il faut, pour établir les échanges et des bénéfices mutuels, une production équivalente et surtout d'une autre nature. Cette nécessité a été vivement sentie par tous les ministères qui se sont succédé depuis vingt ans dans les conseils de la Grande-Bretagne; ils ont compris qu'il fallait substituer à l'industrie manufacturière de l'Indostan, aujourd'hui absorbée, une production agricole supérieure qui deviendrait la mine féconde de nouvelles richesses.

De là le but aujourd'hui patent de léguer au monde asiatique, en échange de son industrie, le monopole des productions coloniales du globe.

Pour réaliser ce prodigieux résultat, déjà en cours d'exécution, il n'est aucun moyen que le cabinet de Saint-James n'emploie depuis vingt ans. Il a commencé par étendre et par naturaliser sur les bords du Gange toutes les plantes tropicales, et ses heureuses tentatives donnent déjà des bénéfices inespérés.

Les plantations qui ont le mieux réussi sont l'indigo, l'opium, le coton, le thé, la canne à sucre et le café.

Mais l'indigo est laissé par la Compagnie des Indes comme un monopole aux Européens; c'est la seule plante qu'il leur soit permis de cultiver : elle ne peut donc servir à soulager les Indous privés de travail.

L'opium, dont la production a centuplé, est spécialement affecté à la consommation du peuple chinois; et l'Angleterre soutient aujourd'hui, à la face du monde indigné, une guerre immorale pour contraindre les habitants du Céleste Empire à se laisser empoisonner par cette denrée fatale.

Le thé d'Assam commence à rivaliser avec celui de la Chine; mais cette plante précieuse ne vient pas dans tous les climats, elle a besoin d'un sol d'une qualité particulière, et ne saurait se propager que dans certains cantons de l'Inde britannique.

Reste donc le coton, le sucre et le café, destinés spécialement à la consommation européenne. Ces trois productions ont pris un accroissement prodigieux. L'exportation du sucre du Bengale s'élevait seulement à 12 millions de tonneaux en 1831; elle a été huit fois plus considérable en 1839, et s'est élevée à plus de 90,000,000 tonneaux. Si la progression continue seulement vingt ans, elle éclipsera toute la production coloniale du globe.

Mais il ne suffit pas de produire, il faut écouler et consommer les produits; il faut renverser les positions prises, exclure les denrées similaires, à commencer par celles des Antilles et de l'Amérique, qui sont en possession du marché européen.

Telle est en peu de mots l'explication du tendre intérêt que l'Angleterre porte à la race noire, et de la philanthropie extraordinaire qu'elle professe pour les esclaves des Antilles. Elle compte anéantir ce qui reste de colonies aux puissances du continent, et tenir un jour dans sa main la fourniture exclusive de l'Europe, devenue sa tributaire.

Telle est l'explication de son zèle pour l'abolition de l'esclavage et le sens qu'il faut attacher à cette grande mesure de la part d'une puissance qui, au siècle dernier, prétendait au monopole des marchés de chair humaine. On n'a pas besoin du travail des nègres quand on a cent millions d'Indous qu'il faut occuper et faire vivre après avoir détruit leurs moyens de travail.

Le droit de visite n'est qu'un épisode de la puissante mesure qui doit exclure les Euro—

péens de toute part directe aux denrées tropicales dans un temps fort rapproché. Il sert à
nuire aux colonies européennes, à exercer sur
elles une surveillance jalouse , à entraver les
relations mercantiles et à écraser de sa con-
currence un commerce rival en découvrant
tous ses secrets.

Les croisières anglaises favorisent donc in-
directement la grande transformation agricole
qui s'opère dans l'Indostan ; mais ce n'est là
qu'un des effets secondaires du droit de visite
prétendu réciproque.

Cette concession de la France a des effets
directs bien plus désastreux. Avant de le
démontrer, qu'il nous soit permis de dire
que le gouvernement français s'est montré
inconséquent, faible et peu soucieux de sa dignité. Il s'est mis en contradiction avec sa
politique séculaire. C'est déjà une faute bien
grave. Ainsi, tous les ministres s'étaient refu-
sés vingt ans, malgré les suppositions les plus
malveillantes, à cette réciprocité apparente du
droit de visite; ils en avaient écarté la propo-
sition au congrès d'Aix - la - Chapelle, à celui
de Vérone; et dans toutes les occasions la
France se montrait jalouse et susceptible à
l'endroit de notre indépendance , le plus cher
de tous les biens. L'offre avait été faite à

l'Angleterre de déclarer piraterie le trafic des noirs. Mais ce n'était point une déclaration que demandait la philanthropie connue du cabinet de Saint-James, c'était le droit de visite. La France s'était donc maintenue dans une attitude prudente et digne ; et voilà que tout à coup, en 1831, par un caprice inconcevable, elle sacrifie les avantages de sa position, elle se soumet à la visite, elle s'humilie, puisqu'elle cède après avoir long-temps refusé.

Cette conduite illogique est-elle digne d'un grand peuple ?

Certes nous répudions de toutes nos forces l'abominable trafic de la traite des noirs ; nous ne l'avons point inventé, comme l'Espagne ; nous n'avons point visé dans tout le cours d'un siècle, par des stipulations écrites, à en conquérir le monopole, comme l'Angleterre (1). Mais la question de philanthropie ne déguise point à nos yeux une autre question plus grave et plus importante. Nous voyons clairement, dans la convention du 30 novembre 1831, une atteinte funeste portée à l'indépendance de notre patrie et à la liberté des mers.

------

(1) Voyez le traité d'Utrecht, où l'Angleterre obtient le droit exclusif de fournir de nègres les colonies espagnoles, et la plupart des traités suivants.

Il est élémentaire en effet que tout droit de réciprocité entre deux peuples inégaux en forces est une servitude déguisée et une oppression pour le plus faible.

La France, en ouvrant la route, y a fait entrer toutes les nations maritimes du continent; et l'Angleterre, en traitant avec chacune d'elles, ayant une croisière générale qui exerce la visite sur tout le commerce européen, se trouve en réalité la reine des mers, obligeant tous les peuples à des actes de soumission et de vassalité.

L'exemple donné par la France a été suivi par le Danemarck, par la Hollande et même par les puissances qui n'ont aucune colonie transatlantique, telles que la Sardaigne. Déjà l'Espagne était liée par des conventions en date de 1817.

Les concessions de la France justifient en partie cet exercice insolent de la police des mers à l'égard des peuples naissants de l'Amérique du Sud. Les Anglais, on le sait, inspectent, sans aucune réciprocité, tout le cabotage du Mexique, de Guatemala, du Brésil, de Buénos - Ayres, et tiennent le continent méridional de l'Amérique dans une sorte de blocus commercial dont ils savent tirer parti.

« La France a donc fait descendre la protection de sa marine marchande à celle des Brésiliens ou de la république argentine.

§ II.

Un autre effet désastreux de la convention relative au droit de visite, c'est qu'*elle devient un puissant obstacle à l'établissement et à la reconnaissance du droit des neutres*, droit sacré admis depuis un demi-siècle par toutes les nations du continent, et toujours repoussé par la politique de l'Angleterre. Quand la philanthropie pour la race noire occupe une si grande place dans les préoccupations des hommes d'état, ne serait-ce point le cas d'en garder un peu pour la race blanche, et l'Angleterre ne rendrait-elle pas un plus grand service à l'univers en reconnaissant ce droit incontestable des nations civilisées ?

Joignez, en effet, le droit de visite en temps de paix à la violation du droit des neutres en temps de guerre, et voyez ce qui reste d'indépendance maritime aux peuples du continent.

Supposez maintenant que la guerre éclate. Aux premières hostilités, le cabinet de Londres, qui maintient avec tant d'ardeur toutes les pratiques des temps barbares, n'abuseraitil point de ce droit de visite à l'égard des neutres ? N'est-ce pas un blocus étendu à toutes les mers du globe ?

Aux premières contestations entre l'Angleterre et ses voisins, avant toute déclaration de guerre, le cabinet britannique envoie des ordres cachetés pour faire main - basse sur la marine marchande de l'ennemi. Autrefois on se prévenait, on donnait un délai au commerce. Aujourd'hui rien de tout cela. Le droit des gens maritime a reculé vers la barbarie, au souffle de la politique anglaise. Depuis la guerre de Sept ans, où toute notre marine marchande fut surprise et capturée, cela est passé en habitude ; il n'y a même plus de réclamation, et la saisie préalable des vaisseaux napolitains, en 1840, prouve qu'on s'inquiète fort peu du respect des formes.

Voyez alors si le droit de visite ne fournira pas à la Grande-Bretagne, en temps de guerre, des facilités extraordinaires pour opérer ses confiscations? Comment prévenir à temps notre navigation marchande? Quel genre de résistance nous restera-t-il, ou quel moyen d'échapper si nos vaisseaux prennent l'habitude de mettre en panne au coup de canon du croiseur anglais, sous prétexte de la traite des noirs et du droit de visite?

Nous le déclarons avec une profonde douleur profonde, la convention du 30 novembre 1831 nous semble la blessure la plus cruelle faite à notre indépendance depuis un siècle.

Nous ne sommes point suspect d'aveuglement par esprit de parti. Profondément dévoué au gouvernement du roi et à la monarchie, nous n'éprouvons que du dégoût pour cette opposition stérile et tracassière qui neutralise nos forces et notre influence au dehors; mais ici le gouvernement du roi est entré dans une voie funeste. Puisse-t-il s'en apercevoir à temps!

§ III.

Pénétrons maintenant dans l'examen détaillé des articles de la convention du 30 novembre 1831, développée par celle du 22 mars 1833, et voyons ce qu'elle renferme d'habileté d'une part et d'imprévoyance de l'autre.

Les articles 1er et 2 du traité spécifient l'exercice du droit de visite réciproque 1° le long de la côte occidentale d'Afrique, depuis le cap Vert jusqu'au 1er degré de latitude S. et jusqu'au 30e de longitude O.; 2° tout autour de l'île de Madagascar dans une zone d'environ vingt lieues de largeur ; 3° à la même distance des côtes de Cuba, de Porto-Rico et du Brésil ; c'est-à-dire qu'il accorde aux croiseurs anglais la faculté de prendre connaissance de notre commerce et de nos affaires en face de toutes nos colonies : celles de la Guyane, des Antilles, du Sénégal et de Bourbon. On peut, dès lors, affirmer qu'en réalité, les trois quarts de nos navires marchands sont surveillés et visités par la police britannique, tandis que la proportion est inverse pour la marine marchande britannique. Il n'y a donc aucune parité dans les entraves de la croisière.

L'article 3 de la convention spécifie que *le nombre des bâtiments à investir pourra n'être pas le même pour l'une et pour l'autre nation.* La politique anglaise s'est contentée de faire admettre le principe de l'inégalité des navires de la croisière ; cette clause est acceptée : elle portera ses fruits ; elle conduit tôt ou tard à laisser à l'Angleterre la police exclusive des mers. Nous voulons croire que jusque aujourd'hui le gouvernement du roi n'a point souffert que le nombre des bâtiments de la croisière anglaise fût supérieur au nôtre ; mais c'est un soin et peut-être un débat à avoir chaque année. Il est même possible qu'un beau jour un ministre, par économie, se dispense d'envoyer la croisière française, et *il restera dans la limite du traité*. On peut tout prévoir et tout craindre.

Ce n'est pas tout : cette clause de l'inégalité du nombre des bâtiments croiseurs a reçu une application dans les traités subséquents signés avec le Danemarck et la Sardaigne, sur le modèle du nôtre, auquel on se réfère ; l'Angleterre reste maîtresse de fixer le nombre de ses vaisseaux, et les rois de Sardaigne et de Danemarck doivent demander des mandats pour leurs croiseurs, qu'ils sont libres de désigner.

Cette clause est évidemment dérisoire. Les navires sardes subissent la visite ; mais qui a jamais entendu parler d'une croisière sarde sur la côte d'Afrique ou ailleurs ? Il n'y a donc aucune réciprocité, et l'Angleterre s'est emparée de la police des mers sur les marines de second ordre en leur imposant pour modèle le traité français. Fatale condescendance qui fait qu'en abdiquant nos droits nous nuisons aux nations amies, au lieu de les défendre et de les protéger.

Nous ne sommes encore qu'aux premières attaches de ce réseau, dont les grands fils sont enfin tendus. On n'en saurait douter, le traité aura des articles additionnels et des développements désastreux. La route est tracée, il n'y a qu'à la suivre. Dieu sait où nous conduira la tendresse exagérée des marchands de la Cité pour les nègres. Quoi donc! si les spéculateurs britanniques ont tant de sympathie dans l'âme pour la race noire, n'en devrait-il pas rejaillir un peu sur la race jaune?

Présentement ils ouvrent à coups de canon les frontières d'un peuple qui se préserve de leurs drogues mortelles par des lois de douane. La contrebande ne leur suffit pas. Quelle différence y a-t-il donc entre l'esclavage et l'empoisonnement?

En rapprochant ce qui se passe à cette heure même aux deux bouts du monde, comment serait-il possible de croire à la philanthropie du gouvernement anglais et à l'innocence des lois qu'il propose sous prétexte de réprimer la traite?

§ IV.

Nous arrivons aux mesures que le gouvernement du roi devrait prendre pour maintenir nos justes droits, et sauver l'indépendance européenne compromise.

Nous avons assez foi au patriotisme du ministère pour croire qu'il ne craindrait pas d'agir avec promptitude et fermeté. Il peut et doit, au nom de nos plus chers intérêts, dénoncer au cabinet de Saint-James l'expiration du traité signé le 30 novembre 1831 et de la convention additionnelle du 22 mars 1833, car ce traité n'a point cessé d'être facultatif entre les deux puissances.

L'article 1er stipule, en effet, que le droit de visite réciproque *pourra être exercé;* or, en matière de droit des gens, toute convention facultative et réciproque est nulle de plein droit par la renonciation d'une des parties contractantes.

Une pareille déclaration serait un grand acte d'indépendance et de nationalité, qui ferait rentrer la France dans sa politique traditionnelle.

En cas d'opposition systématique de la part de lord Aberdeen, il serait facile de faire tomber la convention en désuétude, soit en refusant de fixer le nombre annuel des navires de la croisière, soit en s'abstenant d'indiquer le signal commun dont les croiseurs des deux nations doivent être pourvus.

Mais ces moyens sont mesquins et indignes de la politique noble et franche que la France doit garder. Ils n'atteignent, d'ailleurs, le but qu'avec une sorte de timidité, et la France serait descendue bien bas s'il lui fallait recourir à de pareils détours.

Pour apaiser les scrupules philanthropiques de nos voisins d'Outre-Manche, il serait facile de déclarer que les navires de la croisière française seront doublés à l'avenir, et qu'on traitera comme pirate tout bâtiment négrier saisi. Cette conduite ferme et prudente concilierait au gouvernement du roi les sympathies du monde entier. Il prouverait ainsi qu'il n'est point mû par la pensée de protéger un trafic abominable, mais par le besoin de maintenir intacts les justes droits de notre indépendance maritime, et de substituer une surveillance nationale à une surveillance étrangère, source de mésintelligence, de tracasseries et de troubles perpétuels.

Nous avons toujours raisonné dans la supposition que l'exercice du droit de visite resterait dans les limites légalement convenues. Nous n'avons point parlé des abus inévitables, d'autant plus irritants qu'ils s'exercent de puissance à puissance, et qu'on pourra toujours les considérer comme des insultes de pavillon. On sait qu'un navire de guerre français a été récemment visité sur la côte du Sénégal, et que des nègres libres, destinés au recrutement colonial, ont été considérés comme esclaves par le croiseur anglais.

Un nouveau fait s'est passé dans les parages du Brésil le 27 septembre dernier.

Le navire *le Marabout*, appartenant au commerce de Nantes, étant parti de Bahia pour la côte d'Afrique, avait embarqué 72 planches de sapin, avec l'autorisation spéciale du consul français à Bahia, pour l'emménagement de 11 passagers, et pour placer ses marchandises sèches. Ce navire fut visité par la corvette anglaise *la Rose*, et saisi immédiatement, sous prétexte qu'il se trouvait nanti d'objets spécifiés par l'article 6 de la convention supplémentaire arrêtée entre la France et l'Angleterre le 22 mars 1833.

Cet article, dans la longue énumération des objets qui peuvent servir au transport des nègres, tels que *des chaînes, une provision d'eau trop considérable, des gamelles, des chaudières en cuivre trop grandes, des provisions de riz et de manioc au delà des besoins probables de l'équipage,* énumère en effet *des planches propres à établir un double pont;* mais il est dit plus bas que le navire peut emporter des barriques ou tonneaux, *avec un certificat de la douane constatant que les armateurs ont*

donné des garanties suffisantes pour que ces bar-
riques soient uniquement remplies d'huile de
palme, ou employées à tout autre commerce
licite.

Le capitaine du *Marabout* avait donc cru
que la fin de cet article pouvait également
s'appliquer aux 72 planches qui devaient servir à ses passagers, et pour lesquelles il avait
un certificat.

En supposant qu'il y eût à cet égard sujet à
contestation, le capitaine anglais a violé l'article 6 de l'annexe à cette convention, en date
du même jour. Il devait, en effet, remettre
aux autorités de Cayenne le navire *avec le ca-*
pitaine, les matelots, les passagers et la cargaison,
ainsi que les papiers saisis à bord. Il a déposé
à Cayenne le navire avec le capitaine, et, le
14 octobre, le croiseur était de retour à Bahia
avec les matelots français, toujours détenus à
son bord (1).

Nous nous bornerons là ; quand même la
convention du 30 novembre 1831, développée
par ses deux suppléments, ne donnerait aucun

____

(1) Lettre d'un négociant de Nantes au journal *la*
Presse, insérée au numéro du 27 décembre 1841.

lieu aux abus, tout gouvernement sage devrait encore prévenir les germes d'animosité qui doivent naître infailliblement entre les deux marines.

Nous n'avons point voulu parler des dangers croissants de l'île de Cuba, et des manœuvres déjà visibles dont le but serait l'égorgement général de la race blanche, la ruine et la stérilité de cette magnifique colonie espagnole.

Notre intention n'est point de répandre des germes d'irritation; mais nous ne cesserons de répéter que la tendresse des marchands de la Cité pour la race nègre entraîne la France et l'Europe dans une voie périlleuse pour l'humanité.

Si le droit de visite réciproque est maintenu, agrandi, par les scrupules croissants du cabinet britannique, que la France s'apprête, et avec elle toutes les nations, à racheter tôt ou tard, dans une guerre gigantesque, leur indépendance méconnue, et à rougir de leur sang toutes les mers du globe.

POST-SCRIPTUM.

Les notes précédentes étaient déposées sur le papier, quand nous avons été déterminé à les livrer à l'impression par un coup d'autant plus douloureux qu'il était inattendu.

Le bruit s'est répandu et n'a pas été démenti que l'Angleterre, forte de nos concessions antérieures, en aurait obtenu de nouvelles, plus fâcheuses, plus blessantes, plus déplorables encore.

Le fatal traité de 1831 se trouverait consolidé par une convention entre les cinq grandes puissances, en date du 20 décembre dernier, et l'asservissement du monde maritime serait entré définitivement dans le code européen.

Un journal dont le dévoûment à la monarchie actuelle n'est point suspect, et qui porte dans le jugement des affaires du dehors de l'intelligence et de la droiture (1), s'exprimait ainsi à la nouvelle de cette convention du 20 décembre :

« Ce traité, dont nous n'avons pas encore » le texte sous les yeux, paraît consacrer ce

---

(1) *La Presse* du 24 décembre 1841.

» *droit de visite* mutuel que M. de Talleyrand
» avait si hautement repoussé au congrès de
» Vienne ; que le ministère Richelieu, sous la
» restauration , et d'après les conseils de
» M. Molé, avait également refusé d'admettre,
» et que M. de Broglie, en 1833, par un fâ-
» cheux esprit de condescendance à l'égard
» des whigs, avait déjà reconnu dans une con-
» vention particulière avec le cabinet anglais.

» Nous, qui regardons la *mutualité* du droit
» parfaitement dérisoire, nous craignons qu'on
» n'ait fait en cette occasion à l'Angleterre
» une concession très malheureuse. Les feuil-
» les anglaises célèbrent ce résultat comme
» un triomphe exclusivement anglais. Il est
» certain qu'en ce moment l'Angleterre avait,
» précisément à cause de ce *droit de visite*
» qu'elle revendique depuis long-temps, un
» différend grave avec les États-Unis, qui se
» plaignent et demandent réparation de cer-
» tains outrages dont leur pavillon a été l'ob-
» jet. Ç'a été une grande habileté, de la part
» de l'Angleterre, d'associer solennellement à
» sa cause les principales puissances de l'Eu-
» rope, avant de répondre aux États – Unis.
» Ceux-ci, en effet, auront désormais affaire,
» non plus à la Grande-Bretagne seulement,
» mais à la France, mais à la Russie, mais à la

» Prusse, mais à l'Autriche ; c'est assez dire
» que leurs réclamations n'auront aucun suc-
» cès, et qu'il ne leur reste pas même la res-
» source d'une réparation armée (1).

» Encore un coup, voilà une partie merveil-
» leusement jouée par l'Angleterre. Elle re-
» couvre le seul avantage que les traités de
» Vienne lui eussent laissé à désirer ; elle se
» débarrasse des importunités de l'Amérique
» du Nord ; elle se donne un nouveau levier
» pour détruire ce qui reste de puissance co-
» loniale à l'Espagne : car on sait que c'est
» surtout contre la prospérité de l'île de Cuba
» que sa jalousie est aujourd'hui excitée. Mais
» où est là-dedans le profit de la France ? Il
» est nul. Que disons-nous ? la France y perd
» le fruit des réserves diplomatiques qu'elle
» avait constamment faites depuis 1815. C'est
» là une bonne position qu'elle aliène. Et qui
» sait si plus tard ce traité ne se retournera
» pas contre elle-même, comme une arme de

----

(1) Nous pensons, au contraire, que les États-Unis
peuvent fort bien écarter toute intervention européenne
dans une pareille question, qu'ils le doivent au nom de
leur indépendance , et qu'ils n'ont rien à craindre, ni
de l'Angleterre , ni surtout de l'Europe , qui ne pourrait
les voir aux prises sans bientôt se déclarer pour eux.

» destruction? Nous comprenons très bien
» que la Russie, la Prusse et l'Autriche, qui
» ne possèdent pas de colonies à esclaves,
» n'aient pas opposé une grande résistance à
» la conclusion de cet arrangement; mais la
» France, elle a des colonies à esclaves aux-
» quelles l'Angleterre ne perdra certainement
» aucune occasion de faire tout le mal possi-
» ble. Le nouveau traité peut facilement lui en
» fournir les moyens. »

Les nouvelles concessions du traité du 20 décembre, si l'on en croit les feuilles publiques, sont, à ce qu'il paraît :

1° Extension du droit de visite à un plus grand nombre de plages;

2° Nomination de tribunaux mixtes pour juger les bâtiments saisis;

3° Application de la législation anglaise non seulement aux individus faisant la traite, mais aux armateurs qui y engagent des fonds.

Nous n'osons croire que les concessions aient été jusque là! Comment penser, en effet, que notre marine devînt justiciable de tribunaux établis dans les colonies anglaises, ou que l'Angleterre viendrait solder des agents fixes et permanents dans le peu de colonies qui nous restent? Encore un coup, toute réciprocité serait illusoire, nous l'avons démontré plus haut.

Serait-il possible que le cabinet britannique, après avoir obtenu la police des mers, s'emparât en même temps du code maritime, et qu'il imposât au continent sa propre législation? Est-ce dans ces lois, encore empreintes de la barbarie du moyen âge, qui déclarent félonie la complicité dans la traite des noirs, seulement par l'avance des capitaux, et qui appliquent la peine de mort, que nos juges et nos consuls iront chercher leur règle? Nos nationaux vont-ils relever de la législation étrangère? Nous ne le pouvons croire.

Nous attendons en tremblant le contenu du nouveau traité, et nous ne nous sommes déterminé à le devancer que dans la conviction, peut-être bien présomptueuse, que le roi, si dévoué à la grandeur de la France, que le ministère actuel, rempli d'hommes distingués et animés d'un vrai patriotisme, entendraient au moins nos paroles avant le jour de la ratification.

Les cinq grandes puissances sont, dit-on, d'accord sur cette haute question. Sans aucun doute, elles doivent également condamner la traite des noirs; mais les mesures à prendre ne seront que des concessions arrachées à la France. L'Autriche, la Prusse et la Russie, n'ayant aucune colonie, ne mettent en péril que l'honneur de leur pavillon. Mais déjà l'Autriche s'humilie en passant devant les canons de Corfou ; la Russie n'a plus qu'à se voir fermer la Baltique, après que l'amitié britannique vient de mettre sous la garde européenne la fermeture de la mer Noire. Sa haine des principes révolutionnaires lui fait oublier que les Anglais ont négocié la cession d'Elseneur. Elle ne voit pas qu'en laissant abaisser la marine française, c'est la main droite qui fait la guerre à la main gauche. Nous ne parlons point de la Prusse, qui se rapproche présentement du berceau de l'héritier du trône britannique, événement que nous engageons le cabinet de Saint-Pétersbourg à méditer.

Nous terminons par un mot qui regarde les États-Unis. Que la manifestation européenne ne les détourne point de la ligne indépendante qu'ils ont suivie. Ils peuvent donner des gages au monde contre la traite, en gardant leur dignité, leur honneur, et l'intégrité de leur pavillon.

Si la France abusée consent à abdiquer son rôle de protectrice désintéressée des mers, cette mission revient naturellement à la grande nation assise sur l'autre bord de l'Atlantique. Elle aura toutes nos sympathies, en attendant notre concours effectif à un jour donné.

Espérons, toutefois, que le gouvernement du roi refusera de ratifier ce nouvel empiétement sur notre pavillon, dût-il faire succéder un isolement volontaire sur cette question à l'isolement forcé dans lequel nous avait placés, naguère, la bienveillance habituelle de nos voisins d'Outre-Manche.

L'auteur de ces lignes peut se tromper ; mais, n'étant livré à aucune spéculation maritime, dégagé de tout esprit de parti, il n'est du moins aveuglé ni par la passion ni par son intérêt.

Petit de Baroncourt.

Imprimerie de Guiraudet, 315, rue S.-Honoré.